هكذا ساهم العلم في بناء إسرائيل

ممدوح الشيخ

الكتاب: هكذا ساهم العلم في بناء إسرائيل

المؤلف: ممدوح الشيخ

<u>أما قبل:</u>

لهذا "الكتيب" رسالتان مباشرتان:

الأولى: معرفية، هي التحديق بـ "**نظرة النملة**" في دور العلم (والتكنولوجيا) كعبرة معلمة ومؤلمة.

الرسالة الثاية لهذا الكتيب، متصلة اتصالاً وثيقاً بالأولى، والعبرة مؤلمة لأنها يكشف

بالدليل العملي، أن حالة التخلف المزمنة في العالمين العربي والإسلامي، لا يجوز النظر إليها بالشكل التبسيطي القاتل، الذي يلخص كل شيء بكلمتين **"المؤامرة الغربية"**، ذلك أن الجهد الدؤوب والعمل المنظم، ما زالا عملة نادرة في عالمنا.

وهذا الكتيب ليس سوى قراءة في 3 كتب:

الأول: إسرائيل والقنبلة لأفنير كوهين، والثاني : الصناعات العسكرية الإسرائيلية: المحددات البنية الصادرات لإبراهيم عبد الكريم. والثالث: الدور الوظيفي للعلم والتكنولوجيا في تكوين وتطوير الدولة الصهيونية، للمهندس أحمد بهاء الدين شعبان.

وآمـل أن تكـون الرســالتان المســتهدفتان واضحتين، وأن يكون هناك منهج تفكير مختلف في تقدم "**هم**" وتخلف "**نا**".

ممدوح الشيخ

التكنولوجيا والأمن القومي:

مــا زال تعـد الصلـة بـين التقنيـة الأمـن القومي قضية قديمة جديدة، فمنذ وقت مبكر كان القـادة العسكريون يدركون بخبـرة الميـدان أن **"الوحـدة العسـكرية الأفضـل تجهيـزاً تكـون مرشـحة أكثر مـن غيرهـا للنصـر"**، لكـن هـذا المفهـوم **"الميـداني"** انتقـل مـن الميـدان إلـى

المؤسسات السياسية كمفهوم "استراتيجي"، وهو يشغل العالم الآن من خلال مشهدين:

دولي تتصارع فيه أمريكا وروسيا حول الدرع الصاروخية التي تريد أمريكا نشرها.

وإقليمي حول ملف أسلحة الدمار الشامل بين ترسانة إسرائيلية لا أحد ينكر وجودها ولا أحد "يجرؤ" على الدعوة لنزعها، ومشروع نووي إيراني لا شواهد قاطعة على أنه "عسكري"!

وفي المشهدين تلعب التقنية العسكرية دور البطولة وما زالت مرشحة للمزيد من المساهمة في صياغة المستقبل، مستقبل من ينتجونها في عالم الشمال /الغرب ومستقبل من تسقط على رؤوسهم في عالم الجنوب /الشرق!

ولا يجهل من له أدنى علم بواقع التوازنات العسكرية بيننا وبين إسرائيل أن قوتها النووية أحد أهم معادلات القوة في الصراع، وتعكس قصتها جانباً مهماً من الدور المحوري الذي لعبه التفوق العلمي والتقني في ضمان التفوق النوعي لإسرائيل، وهو تفوق أحرزه بدعم غربي سخي.

إسرائيل والقنبلة:

هناك – ابتداء – ضرورة قصوى لاستيعاب هذا الدور عربياً، وهذا من أسباب أهمية الكتاب الأول "**إسرائيل والقنبلة**"([1]) الذي لم يترجم للعربية حتى الآن. المؤلف أفنير كوهين من كبار باحثي "**معهد الدراسات الدولية والأمنية**" بجامعة ميريلاند الأمريكية.

([1]) اسم الكتاب: إسرائيل والقنبلة – المؤلف: أفنير كوهين - الناشر : شوكين تل أبيب – القدس – عدد الصفحات: 557 من القطع المتوسط – تاريخ النشر: 2000.

ويعد الكتاب أول مؤلف في مجاله من حيث موثوقية معلوماته وغزارة تفاصيله، وقد اعتمد المؤلف لكتابته على آلاف الوثائق جمعها من الأرشيفات العالمية، وحوالي 150 مقابلة مع شخصيات أمريكية وإسرائيلية ذات صلة.

ومنذ عام 1970 – تقريباً – أصبح امتلاك الكيان الصهيوني قوة نووية أمراً مسلماً به عالمياً، بل إنها عشية حرب يونيو 1967 كان لديها سلاح نووي جاهز للاستخدام الفعلي. ويعد ديفيد بن جوريون أول رئيس وزراء إسرائيلي الأب الشرعي للمشروع، وحتى منتصف الخمسينات كان هذا مجرد حلم. وبين عامي 1955 و1958 عندما عاد بن جوريون لمنصب رئيس الوزراء بدأ الحلم يتحول لحقيقة،

ولعبت العلاقة الخاصة مع فرنسا، آنذاك، دوراً
محورياً في ذلك.

تحالف العلماء والساسة:

من الحقائق المهمة أن هذا المشروع توفر شرط موضوعي آخر، لا يقل أهمية عن الموارد بمعناها الشامل، هو قيام تحالف ناجح بين العلماء والساسة، فبدون ديفيد بن جوريون وشيمون بيريز وإرنست ديفيد برجمان المتخصص في الكيمياء العضوية ما كان لإسرائيل أن تدشن مشروعها النووي، فقد أدرك

الثلاثة أن علماء الكيان الصهيوني قادرون على تقديم "الحل النهائي" لمشكلة الأمن، وهكذا يفكر العقل الصهيوني. ورغم وجود درجة واضحة من التحيز في نظرة الكاتب لمبررات بن جوريون لامتلاك السلاح النووي، إلا أن ما يكشف عنه من معلومات يظل، رغم التحيز، جامعا بين الغزارة والأهمية الشديدة.

فبن جوريون، حسب الكتاب، دشن المشروع النووي الصهيوني لأسباب عديدة في مقدمتها (الهولوكوست النازي) و"**بدون حدوث الكارثة كان من المستحيل إدراك مدى التزام بن جوريون بالحصول على سلاح نووي**".

وبمرور الوقت تحولت مخاوف بن جوريون إلى سياسة قومية. ومن خلال رؤيته

16

لحقيقة الصراع العربي الصهيوني وضع بن جوريون أمن الكيان في المقام الأول ضمن أولوياته، وكان مقتنعاً بأن توقف القتال لا يعني نهاية الصراع، وشكلت رؤيته هذه السياسة الخارجية لإسرائيل لعقود تالية. وانبهر بن جوريون بالتقدم العلمي والتقني في القرن العشرين فعمل على دفع عجلة تقدم العلم والتقنية بها بحيث يصبح هذا التقدم سمة مميزة للكيان.

وقد أعطى بن جوريون اهتماماً للبحوث العلمية العسكرية، فأنشأ مبكراً مركزاً للعلوم في صحراء النقب وخصص له ميزانية كانت كبيرة لدرجة أن علماء المركز وباحثيه لم يعرفوا ماذا يفعلون بها!!

وعندما أعلن الرئيس الأمريكي أيزنهاور عام 1955 برنامج "**الذرة من أجل السلام**" أبدى بن جوريون اقتناعه بأن الوقت قد حان لتنفيذ المشروع النووي للكيان الصهيوني، وكتب عام 1956 "**إن ما فعله وأنجزه: آينشتين وأوبنهايمر وتلر (والثلاثة يهود)، لن يعجز علماء الكيان الصهيوني عن إنجاز مثله لشعبهم**". وكانت المرة الأولى التي يفصح فيها عن دور المشروع خلال خطاب له بالكنيست عام 1960 تحدث فيه عن دوره في صنع السلام.

وممن ساهموا مساهمات كبيرة في المشروع إسرائيل دوستروبسكي المولود في روسيا عام 1918، وقد أنشأ عام 1948 قسما

لبحوث النظائر في معهد فايتسمان، وكان في الوقت نفسه يعمل برتبة رائد في الجيش الصهيوني فأنشأ **"سلاح العلوم"** وهو الوحدة التي مهدت الطريق للمشروع الصهيوني. ولما كان الكيان الصهيوني ذا إمكانات محدودة ولا يستطيع ساسته منفردين توفير إمكانات مشروع نووي طموح، فقد كانت هناك حاجة ماسة إلى **"زعامة علمية"** وتنظيمية لوضع المخططات المختلفة استراتيجياً وتكتيكياً، وتحديد الأهداف والمواءمة بينها وبين الميزانيات المتاحة، وتجنيد الموارد البشرية اللازمة، وهذه الزعامة هي التي تستطيع بناء جسر بين الموارد المحدودة والطموحات غير المحدودة.

ومنذ بدايـة المشـروع النـووي عـين بـن جوريون نائبين له هما:

شيمون بيريز

أرنست ديفيد برجمان

وكـان برجمـان كيميائيـاً صـغيراً، عمـل لسنوات مـع حاييم وايزمان الكيميـائي البـارز، وعندما طرده النـازيون عـام 1933 مـن جامعة برلين عينه وايزمان رئيسا لمعهد بحوث **"دانيال زيــف"**، وعنـد عودتـه لإسـرائيل بعـد الحـرب العالميـة الثانيـة عـاد برجمـان لمنصبـه كمدير للمعهـد، وفـي عـام 1948 عينـه بـن جوريـون رئيساً لمركز العلوم التابع للجيش، ثم أصبح مستشاراً علمياً لوزير الدفاع.

اللجنة الإسرائيلية للطاقة الذرية

في يونيــو 1952 تــم إنشـاء "اللجنـة الإسرائيلية للطاقة الذرية" حيث تولى برجمان رئاستها. وخـلال عملـه قـام برجمـان بإقنـاع بـن جوريون بأن الطاقة الذرية من شأنها أن تكون "سـبب اسـتمرار بقـاء الكيــان الصــهيوني واسـتمرار نمــوه وازدهـاره". ووفقــاً لتطلـع برجمـان فإنـه مـن خـلال تطوير الطاقة النووية

21

للأغراض السلمية يمكن تحقيق الخيار النووي على أساس أنه لا يوجد نوعان للطاقة الذرية "نوع للسلام ونوع للحرب".

ومنذ عام 1948 قاد برجمان العمل في هذا المجال حتى عام 1955، وبين عامي 1956 و1958 كان لدى شيمون بيريز تفويض سياسي من بن جوريون فرفض فكرة برجمان القاضية بأن يتم بناء مفاعل نووي بالقدرات الذاتية، واتجه إلى فرنسا ليحصل منها على دعم للمشروع النووي.

منح شيمون بيريز المشروع النووي اهتماماً كبيراً، فحقق تقدماً بالغاً، إذ كان أول مسئول عن خلق السبل لتنفيذ هذا البرنامج، وفي عام 1955 توفرت تأكيدات مفادها أن الكيان

الصهيوني قادر على الحصول على مساعدات نووية غربية.

وأعلنت الولايات المتحدة الأمريكية استعدادها لتقديم مساعدات لها في إطار مشروع للاستخدام السلمي، وعرضت تزويدها بمفاعل تجريبي صغير بشرط خضوعه لإشراف أمريكي. ولأن هذا المفاعل لم يكن ليرضي طموح الكيان الصهيوني تطلع المشرفون على المشروع إلى فرنسا.

وخلال السنوات الأولى من الخمسينات كانت التوجيهات للجنة الإسرائيلية للطاقة الذرية تقضي بالسعي للحصول على **"الماء الثقيل"** واليورانيوم الطبيعي، وبدأ طاقم علماء بالسعي للوصول لطريقة جديدة مختلفة عما هو معروف

عالميا لاستخلاص الماء الثقيل المخصب بالأوكسيجين الثقيل (O 18) بطريقة التكرير بدلا من طريقة التحليل الكهربائي. واتجهت اللجنة لدول الغرب للحصول على التقنيات والمواد اللازمة للمشروع النووي في فترة كانت فيها أمريكا وبريطانيا وكندا ملتزمة بمنع نقل التقنيات النووية لأية دولة أخرى، فاتجهت اللجنة لفرنسا والنرويج التي كانت الدولة الأوروبية الوحيدة - إلى جانب بريطانيا - التي تملك مفاعلات نووية.

ويبدي المؤلف اهتماماً كبيراً بأزمة السويس (1956) التي استغلها الكيان الصهيوني بشكل مكنه من الحصول على مفاعل "ديمونة" الذي يصفه بأنه: قلب المنظومة

النووية للكيان. كان الكيان الصهيوني قد طلب من فرنسا الحصول على مفاعل صغير (EL-102) تبلغ طاقته 18 ميجاوات وفي إطار صفقة العدوان الثلاثي طلبت الحصول على مفاعل كبير لديه القدرة على استخلاص البلوتنيوم وتبلغ قوته الحرارية 40 ميجاوات.

وأصيب الفريق الفرنسي المكلف ببناء المفاعل بالدهشة الشديدة عندما علموا أن أنابيب التبريد في المفاعل أكبر بثلاثة أضعاف من الأنابيب المطلوبة لبناء مفاعل بقوة 24 ميجاوات، وازدادت دهشتهم عندما علموا أنه قادر على استخلاص 15 كيلوجراماً من البلوتينيوم سنوياً. وكان هذا المصنع ركيزة المشروع النووي العسكري.

وفي أكتوبر عام 1957 وقع الاتفاق بين الطرفين متضمناً جانباً سياسياً صياغته غامضة ليترك أمام إسرائيل حرية التصرف، وجانب فني تعمد الطرفان ترك بعض المسائل الرئيسة فيه مجرد **"اتفاق شفوي"**. ولسنوات ظلت القدرة الحقيقية للمفاعل موضوع تعتيم شديد فقيل إنها 24 ميجاوات، وقيل إنها 26 ميجاوات، وقيل إنها 40 ميجاوات قابلة للزيادة. وكانت عملية التمويل شديدة الأهمية فقام بن جوريون وبيريز بحملة سرية لجمع الأموال كانت حصيلتها 40 مليون دولار.

القنبلة النووية الأولى:

خلال سنوات الخمسينات كانت الولايات المتحدة الأمريكية تعارض انتشار الأسلحة النووية لكن لم تكن لديها سياسية لمنع الانتشار النووي بالوضوح الذي لديها الآن، وفي طلعات جوية أمريكية في مطلع عام 1958 علمت أميركا أن إسرائيل تقوم بالبناء في موقع ديمونة،

وانتـاب القلــق الــرئيس الأمريكــي دوايـت أيزنهاور.

وفـي مـارس مـن العـام نفسه طلـب مـن مكتب المخابرات العلمية في وكالة المخابرات الأمريكيـة C.I.A الحصـول علـى معلومـات مفصــلة عــن الأنشـطة النوويـة الإسـرائيلية وبخاصة استخلاص اليورانيوم والماء الثقيل ولم تفلح الوكالة في الحصول على أية معلومات عن ذلك.

ومع بداية عام 1960 علمت المخابرات الأمريكيـة أن مـراقبين إسرائيليين سيحضرون أول تفجيـر نـووي فرنسـي. وفـي الثـامن مـن ديسمبر نشرت المخابرات الأمريكية تقريرا عن مفاعل ديمونـة، وفي اليـوم نفسه اجتمـع مجلس

الأمن القومي الأمريكي، وكان موضوع ديمونة على رأس جدول الأعمال، وحذر ألان دالاس رئيس المخابرات من رد الفعل العربي.

وفي 13 ديسمبر نشرت **التايم** أن: "**دولة صغيرة ليست شيوعية وليست عضوا في حلف شمال الأطلنطي تعمل على تطوير قدرة نووية**". وبعد ثم نشرت **الديلي إكسبرس** اللندنية أن إسرائيل قطع شوطاً طويلاً في سبيل صنع قنبلته النووية الأولى. وأنكرت الحكومة الإسرائيلية هذه الأنباء رسمياً.

ويرى المؤلف أن التركة التي خلفتها وراءها إدارة الرئيس الأمريكي أيزنهاور كانت خليطاً مملوءاً بالتناقضات، ولم يقم أيزنهاور بالرد على المعلومات الاستخباراتية الأولى التي

وصلت إليه بشأن المشروع النووي الصهيوني
مـا كـرس انطباعـا بأنـه كـان يفضل أن يمتلك
الكيان الصهيوني سلاحاً نووياً.

الكتـاب الثانـي "الصنـاعات العسكرية
الإسرائيلية: المحـددات البنيـة الصـادرات"(^{2})
يرسم صورة لعالم الصناعات العسكرية التقليدية
فـي إسرائيل مـع التركيز علـى دور التقنيـة فـي
تطور هذا القطاع.

الفصل الأول عنوانـه: "التطور التـاريخي
والمحددات العامـة" وفيه يقرر المؤلـف ابتداء
صـعوبة اجتـزاء الـدور الـذي يؤديـه التصـنيع

(^{2}) الكتاب: الصناعات العسكرية الإسرائيلية: المحددات البنية الصادرات – المؤلف: إبراهيم عبد الكريم – الناشر: مركز الإمارات للدراسات والبحوث الاستراتيجية – تاريخ النشر: 2004 – الحجم: 234 صفحة من القطع المتوسط.

العسكري الإسرائيلي، فضلاً عن فصله عن الوظيفة الكبرى للدولة، فهذا الدور يغذي امتلاك مقومـــات البقـــاء ومواجهـــة التحـــديات الداخليـــة والخارجية.

وبالتالي، تمكين المشروع الصهيوني من الاستمرار بما يخدم الأهداف الاستعمارية التي أطـرت وجودهـا. وخـلال العمـل لتحقيـق هـذه الأهداف لا تشكل الدولـة الصهيونيـة أداة صـماء في يد القوى الاستعمارية الغربية، بـل رسم لها أن تتمتع بهامش من حرية السلوك دون التناقض مع وظيفتها الاستراتيجية، وفي ظل هذا الهامش ظـل التصنيع الحربـي مرتبطـا بالسياسـة العليـا للدولة وبتحقيق "الأمن القومي" الإسرائيلي.

ويتضح هذا الارتباط في الأدوار التي اضطلعت بها الصناعات العسكرية في الميادين: الاقتصادية، البشرية، والصراعية.

وقد ظهرت فكرة تصنيع الأسلحة منذ المرحلة التنفيذية المبكرة للمشروع الصهيوني، فمع بدء الحرب العالمية الأولى، قاموا بصنع القنابل اليدوية في مستعمرة هرتسليا واهتمت الهاجاناه بعد تأسيسها بتطوير الصناعات الحربية بدعم وتسهيلات من سلطات الانتداب البريطاني. ويجمع الباحثون الإسرائيليون على الاهتمام الصهيوني بهذه الصناعات كان محكوما بالحاجة إلى مصدر تسلح محلي وساهمت "ثورة البراق" (1929) في زيادة الجهود الصهيونية في هذا المجال.

لكـن الصـناعات العسـكرية الإسـرائيلية قامـت بهـذه المهمـة رسـمياً عـام 1939 بإنتـاج المواد المتفجرة ثم أجهزة إشارة ثم مدافع هاون. وخلال الحرب العالمية الثانية جرى في الحركة السرية اليهودية تطوير ألغام مع أجهزة توقيت وزجاجـات مولوتـوف وقنابـل دخـان والرشـاش الخفيـف "**ستن**" وطلقات هاون. وأنشأت حركة اتسـل أرضية لصـناعات عسـكرية سـخرت لهـا إمكانات كبيرة وركزت عمليات التصنيع عمومـاً علـى الأسـلحة الخفيفـة وجـرى فيهـا عمليـات تحسين وتعديل للأسلحة الغربية، ولعب معهد "**التخنيون**" دوراً كبيراً في توفير الخبرة التقنية لذلك.

وشكل اندلاع الحرب العالمية الثانية دفعة كبيرة لتطوير صناعة السلاح اليهودية في فلسطين حيث قامت بتصنيع أجهزة عسكرية للجيش البريطاني، أما فكرة إنتاج الطائرات والدبابات والمدفعية فأعاقها نقص التمويل.

وأدى تأسيس إسرائيل عام 1948 إلى نقلة نوعية في التصنيع الحربي وأخذت المعامل الصهيونية الصغيرة تتحول إلى شبكة متشعبة من المصانع الحديثة، ونتيجة احتياجات الجيش الإسرائيلي في حروبه جرى تطوير منتجات كثيرة. وفي إطار سياسة التصنيع العسكري الإسرائيلية أنشأت وزارة الدفاع مؤسسات صناعية وبحثية كبيرة، وتحولت هذه الصناعة

بإشــراف وزارة الـدفاع عليهـا إلــى صـناعة متطورة.

وتعد فترة السنوات العشر التالية لتأسيس إسـرائيل (48 – 1958) فتـرة إرسـاء القاعـدة الرئيسـة للتصـنيع العسكري، فتحول "ســلاح العلـوم" الـذي استحدث عـام 1948 إلـى "قسـم البحث والتخطيط"، وهو مـا يعرف حالياً باسم (رفائيل) "هيئة تطوير الوسائل القتالية". وفي 1951 أنشئت نـواة "شركة الصناعات الجويـة الإسرائيلية" (تاعا) وفي نهاية الخمسينات أقيم مركـزان للبحـوث النوويـة أحدهما فـي النقـب والآخر في ناحـال سوريك، كما تأسست شركة تاديران.

وبعد حرب 1967 اندفعت الصناعات العسكرية الإسرائيلية بزخم كبير في الإنتاج والتطوير وقامت وزارة الدفاع بتوسيع الصناعات الإليكترونية وصناعات الطائرات والصواريخ، وسجلت بداية السبعينات توسعاً كبيراً لتلبية احتياجات الجيش الإسرائيلي أولاً.

وبدءاً من منتصف السبعينات، احتلت الصناعات العسكرية مواقع متقدمة في القطاعين العسكري والاقتصادي، وفي عام 1978 أصبح لديها أكثر من 220 شركة ومصنع ومؤسسة نحو 80 % منها مملوكة للدولة. ونقطة الانطلاق في إدراك طبيعة الهيكلية التي تضم الصناعات العسكرية الإسرائيلية هي أنها تشكل مع وزارة الدفاع والجيش وأجهزة الاستخبارات

والممثلين السياسيين ما يسمى "**مركز الشبكة الصناعية العسكرية**".

ومما يضفي أهمية كبيرة على الصناعات العسكرية أن الجيش يسهم في استهلاك منتجاتها فيؤدي ذلك لتنشيط دورتها الاقتصادية، ويقدم نموذجاً دعائياً لنجاح هذه الأسلحة عملياً، وفي أوائل الثمانينات كان 25 % من إنتاج هذه الصناعات (عدا رفائيل) مخصصاً للتسويق الداخلي ووصلت هذه النسبة في شركة (تاعس) إلى 60 – 70 % من مبيعاتها.

وفي دراسة استطلاعية شملت 76 شركة ومعملاً تتلقى طلبيات وزارة الدفاع، أجريت عام 1999 فإن السوق التي تخدم هذه الوزارة تنقسم إلى: معامل تنتج معدات دفاعية منها 5 –

10 معامل تصنف بوصفها "رائدة" من حجم مشتريات الـوزارة منهـا، وهـي: الصنـاعات الجويـة (تاعـا)، الصناعة العسكرية (تاعس)، هيئة تطوير الوسائل القتالية (رفائيل)، إليسرا، وإلبيت معرخوت.

كمـا تبـين أن الـوزارة فـي عـامي 97 – 1998 اشترت نحو 27 % مـن إجمـالي إنتـاج هذه الشركات تـم تصدير 59 % مـن إنتاجها، وبالأرقـام المطلقـة بلـغ حجم مشتريات وزارة الدفاع عام 1999 حوالي 8 مليار شيكل (ملياراً دولار) وانخفض الـرقم عـام 2001 إلـى 900 مليون دولار.

ولا يمثـل الجيـش الإسـرائيلي مجـرد "زبـون" لمنتجـات الصنـاعات العسـكرية

الإسرائيلية بـل يعـد موجهـاً رئيسـاً للخطـط
والتصورات عبر تحديده المواصفات واتجاهات
التطوير، فالنظريـة العسكريـة الإسرائيلية تـؤثر
بصـورة مباشـرة، وتصـوغ التوصـيات لهـذا
الغـرض المؤسسـة العسـكرية برئاسـة وزيـر
الدفاع ورئيس الأركان.

خريطة الصناعات العسكرية الإسرائيلية

الفصـــل الثـــاني عنوانـــه: "**الهيئـــات والشركات والمصانع في الصناعات العسكرية الإسرائيلية**"، ويرسـم خريطـة تفصيلية لهـذه المنشئات، فهنـاك من حيث الملكية والإشراف: شـركات حكوميـة تخضـع فـي عملهـا البحثـي والتطويري تماما لوزارة الدفاع، وأهمها رفائيل وتـاعس، وأخـرى تشـرف عليهـا وزارة الدفاع وتشـــاركها وزارة الماليـــة أهمهـا الصـناعات الجوية وأحواض السفن.

وشـركات ومصـانع تابعـة للاتحاد العـام لنقابـات العمـال (الهستدروت) وتعمل في إطار مجمـع "**كـور**" للصـناعات وتعمـل بتنسـيق مـع وزارة الدفاع والجيش وأهمهـا سـولتام وتلراد.

وشركات ومصانع مشتركة بين القطاع الخاص من ناحية والقطاع الحكومي أو الهستدروت، وتعمل بالتنسيق مع وزارة الدفاع وأهمها بيت شميش وتاديران. وشركات ومصانع خاصة تنتج أسلحة ومعدات حربية بالتنسيق مع وزارة الدفاع وتبيع جزءاً من إنتاجها للجيش الإسرائيلي وتصدر الباقي.

ويبلغ عدد الشركات والمصانع العاملة ضمن مجال الصناعات العسكرية نحو 220 شركة في نهاية الثمانينات وكانت نسبة 80% منها مملوكة للدولة، ومؤخراً ازداد العدد. ويتكون الهرم التنظيمي لهذا القطاع من: "إدارة تطوير الوسائل القتالية" (مفات) وأقيمت في مطلع الثمانينات ويوجد تحت تصرفها حوالي 3

مليـــار شـــيكل (750 مليــون دولار بأســعار 2000)، وتخضــع لهــا إدارة قمر التجسـس (أوفيـك) وألحقـت بهــا الإدارة المسئولة عــن تطويـر الصــواريخ البالسـتية وتشـرف علـى مشـروع (تلبيـوت) لتجنيـد الشـبيبة المناسـبة للوحدات التقنية في الجيش الإسرائيلي، وغير ذلك من المشروعات.

وهيئة تطوير الوسائل القتالية (رفائيل): وكانـت فـي بـدايتها امتـدادا للفـرع العلمـي أو "سـلاح العلـوم" الـذي أنشـأته الهاجانـاه عـام 1947، وفي عام 1952 تحول إلى وكالة مدنية ضمن وزارة الدفاع باسم "السلطة الإسرائيلية لتطوير الدفاع"، وفي 1958 تحولت إلى اسمها

الحالي (رفائيل)، وصارت وحدة مستقلة ذاتياً وتعمل ككيان اقتصادي مغلق.

وتعد رفائيل أكبر هيئة إسرائيلية للبحث والتطوير، وهي تنجز مهاماً متعددة أهمها: إعداد البرامج القتالية المعقدة، والإشراف على مصانع وزارة الدفاع، كما تقوم بإجراء الاختبارات على الأسلحة والمعدات والعسكرية. وتتصف رفائيل بارتفاع المبالغ المخصصة فيها لأغراض البحث حيث تستثمر وزارة الدفاع نحو 1،5 مليار دولار.

و"**الصناعات الجوية الإسرائيلية**" (تاعا): ترجع بدايتها إلى عام 1945 وبعد قيام إسرائيل أعيد تأسيسها عام 1951، وفي عام

1955 ألحقت بوزارة الدفاع كشركة تابعة تتمتع باستقلال ذاتي.

والشركة، التي أنشئت أساسا تلبية لحاجة فحص الطائرات الحربية والمدنية وصيانتها، تطورت تدريجياً حتى صارت أكبر شركة في إسرائيل. وقد مرت في تطوها بعدة مراحل:

مرحلة الصيانة (1953 – 1959).

مرحلة الإنتاج (1959 – 1967).

مرحلة التطوير (1967 – 1980).

مرحلة طائرة لافي (1979 – 1987).

مرحلة ما بعد لافي (1988 – 1993).

مرحلة الفضاء (1993 – 2002).

و"الصناعات العسكرية الإسرائيلية"
(تاعس): أسست عام 1933 في إطار الهاجاناه
وكانت مهمتها الأولى إنتاج الأجسام الصلبة
للقنابل. وبعد قيام إسرائيل صارت تاعس
المصدر الأول لإنتاج الأسلحة في البلاد
وتملكتها الدولة وأدارتها وزارة الدفاع. وتضم
تاعس 31 مصنعاً تنتج وتطور الأسلحة
والذخيرة والأجهزة والمعدات اللازمة للجيش
الإسرائيلي.

الصناعات العسكرية الهستدروتية

يعمـل فـي إطـار نقابـة العمـال العامـة الهستدروت مجمع للصناعات العسكرية (كور) أقيم منذ الخمسينات وأصبح بعد عشرين عاماً يمثـل حـوالي 10 % مـن حجـم الصـناعة الإسرائيلية، ومـن أهـم مصـانع هـذا المجمع

49

الصناعي: مصنع سولتام، وشركة تاديران، وشركة تلراد. وتعمل في مجال التصنيع الحربي مئات الشركات الخاصة بتعاون وتنسيق مع وزارة الدفاع أهمها: "إلبيت" وتأسست عام 1966، وتنتج حواسب لمصلحة سلاح الجو الإسرائيلي وتعد أكبر منتج للحواسيب في إسرائيل، وبلغت مبيعاتها 1994 حوالي 758 مليون دولار.

الفصل الثالث من الكتاب عنوانه: "**صادرات الصناعات العسكرية الإسرائيلية**"، ويبدأ الباحث بتقرير أن الصناعات العسكرية الإسرائيلية تواجه أزمة بسبب زيادة إنتاج القطاع عن احتياجات الجيش الإسرائيلي، ومن ثم الاهتمام المتزايد بالتصدير للحفاظ على هذه

الصناعة التي تشكل ضرورة أمنية لإسرائيل تتجاوز البعد الاقتصادي المباشر. كما أن الصادرات العسكرية الإسرائيلية أداة لخدمة السياسة الخارجية للدولة ومن ثم ساهمت هذه الصادرات في توطيد علاقة إسرائيل ببعض الدول المستوردة، بل شكلت جسراً لإقامة علاقات بينها وبين دول لم تكن بينها وبين إسرائيل علاقات ديبلوماسية. وقد كان المعيار الحاكم لهذه الصادرات ألا تضر بأمنها وأمن الولايات المتحدة.

ولهذه الصادرات حضور في تخطيطها الاستراتيجي عبر إيجاد حلفاء أو متعاونين مع إسرائيل. وتعد إسرائيل خامس مصدري الأسلحة في العالم، وبين عامي 1973 و 1997

تضاعفت صادراتها العسكرية 25 مرة، فكانت في بداية الفترة حوالي 70 مليون دولار ووصلت في نهايتها إلى 1،25 مليار دولار، وفي العام 2004 بلغت رقماً قياسياً هو 4،018 مليار دولار.

وقد أدرجت مؤسسة استوكهولم لأبحاث السلام 6 شركات إسرائيلية للتصنيع الحربي عام 2000 على قائمة أكبر 100 لإنتاج الأسلحة في منظمة التعاون الاقتصادي والتنمية والدول النامية، وهي: الصناعات الجوية (23) وإلبيت و(41)، ورفائيل (43)، والصناعات العسكرية و(54)، وصناعات كور و(91)، وصناعات إليسرا و(92). وتصدر إسرائيل منتجاتها العسكرية إلى أكثر من 40 دولة.

الدور الوظيفي للعلم والتكنولوجيا:

يشكل كل من العلم والتكنولوجيا علامة مميزة للعصر الحديث من تاريخ البشرية، وقد أديا أدواراً تاريخية في تشكيل صورة الحياة في عالمنا أكثر من أي عصر مضى. وهذا الكتاب يتتبع فصلاً مهماً من فصول تاريخ العلم والتكنولوجيا في تاريخنا المعاصر، إذ تحولا إلى أداة من أدوات الصراع بمعناه الشامل،

السياسي والاقتصادي والثقافي، وبالطبع العسكري.

وقد اختار الكاتب أحمد بهاء الدين شعبان الدور الوظيفي للعلم والتكنولوجيا في تكوين وتطوير الدولة الصهيونية([3])، ليحقق باختياره هدفين في آن: التنبيه للمنعطف الخطير الذي وصل إليه مسار الصراع مع هذا المشروع العدواني، والتأريخ لدور العلم في خدمة مشروع سياسي كنموذج يمكن أن نستفيد منه الكثير.

([3]) الكتاب: الدور الوظيفي للعلم والتكنولوجيا في تكوين وتطوير الدولة الصهيونية ــ أحمد بهاء الدين شعبان ــ الطبعة: الأولى 2004 (طبعة خاصة) ــ214 صفحة من القطع الكبير.

صدمة ما قبل القراءة

رغم أن الكتاب يصدم قارئه في كل صفحة من صفحاته تقريباً بحقائق مدهشة عن التقدم العلمي والتكنولوجي في الدولة العبرية وتأثيراته في قدراتها العسكرية، إلا أن صدوره بالطريقة التي صدر بها كانت صدمة أعمق.

فالكاتب باحث معروف بدراساته العميقة في شؤون الصهيوني وأصدر قبل كتابه هذا كتباً أخرى لعل أهمها: "حاخامات وجنرالات"، و"الاستراتيجية العسكرية الصهيونية حتى عام 2000"، ورغم هذا اضطر بسبب الأزمة التي تمر بها صناعة النشر العربية إلى طباعته طبعة محدودة على نفقته الخاصة (ورغم هذا صدر في طبعة شديدة الأناقة) ووزعه مجاناً على المهتمين!

وفي بداية كتابه يضع المؤلف العلم والتكنولوجيا في سياق الواقع الدولي، مؤكداً أن البشرية مع دخولها القرن الجديد، اتضحت في وعيها صورة المنحى الذي يحدد التوجهات العامة لموقع العلم والتكنولوجيا، ودورهما في

صياغة المستقبل، حيث أصبح هذا الموقع محوريا على نحو لم يتحقق – بأي صورة – منذ انطلاق الثور الصناعية في القرن الثامن عشر.

وفي القلب يأتي الذي تلعبه – وستلعبه – قطاعات الإنتاج **"كثيفة المعرفة"** في تقدم مطرد على حساب القطاعات **"التقليدية"**.

ويقصد بالقطاعات **"كثيفة المعرفة"**، تلك التي ترتكز على نتائج ثورة المعلومات والاتصالات، وتشمل مردوداته تحقيق طفرة في مستوى الرفاه الإنساني، وضمن الطفرة تأتي الأنماط الحديثة لحروب المستقبل التي باتت تعتمد كليا على تطبيقات **"الثورة المعلوماتية"** و**"ثورة الاتصالات"**.

ويؤدي احتكار الدول المتقدمة لنتائج هذه الثورة العلمية والتكنولوجية لمزيد من التبعية وتعميق الفجوة بين الشمال والجنوب، بالنظر للوتيرة المتسارعة لنتائج تطبيق الإنجازات العلمية في الشمال، وفي المقابل التراكمات السلبية في الجنوب.

بنية المشروع الصهيوني:

وكما هو الحال بالنسبة لمفهومي العلم
التكنولوجيا وضع الكاتب أحمد بهاء الدين
شعبان المشروع الصهيوني في سياقه لينطلق
إلى تحليل بنيته، فالمشروع الصهيوني ينتمي
في مبناه إلى الغرب المتقدم ، وقد تمتع بدعمه

السخي من الفكرة إلى التجسيد على أرض الواقع ويستحيل تصور استمرار هذا الكيان، إذا حيل بينه وبين تدفق سيل الدعم الخارجي.

وفي مجال التكنولوجيا يبدو الأمر شديد الوضوح. ويلفت المؤلف النظر إلى أن الاهتمام المطلوب لتتبع الأوضاع العلمية والتكنولوجية في "إسرائيل" – رغم أهميته القصوى – هو في أدنى مستوياته، باستثناء دراسات متناثرة، وهو قصور ينبغي تداركه في أسرع وقت.

وينعكس هذا في ندرة واضحة في المصادر المرجعية العربية، وإن ان المنشور على شبكة المعلومات الدولية "الإنترنت" يسد جانباً من النقص.

وتحت عنوان: **"إطار الدراسة ومحدداتها"** يقول المؤلف: تستهدف الدراسة البحث في الأصول والمرتكزات التي وفرت السبيل أمام الدولة الصهيونية، ولم يتعد عمرها نصف قرن لتحقق ما حققته من تطورات علمية وتكنولوجية، وتبحث في الشروط الموضوعية الداخلية والخارجية التي مهدت لتحقيق هذا الإنجاز. كما ترصد الدور المحوري للدعم الخارجي الذي ساعدها على **"حرق المراحل"**.

وضعية العلوم في إسرائيل:

في الفصل الأول من الكتاب وعنوانه: **"العلوم "كثيفة المعرفة" وتطبيقاتها معيار التقدم"**، يشير الكاتب إلى ما قرره جي دي برنال في ستينات القرن الماضي في كتابه **"العلم في التاريخ"**، إذ يقول:

"قد أصبح من البدهي في يومنا هذا أن المصدر الحقيقي للثروة لم يعد امتلاك الخامات أو قوة العمل أو الآلات، وإنما امتلاك قوة بشرية مثقفة وعلمية وتكنولوجية".

ويمكن النظر إلى الرؤية الإسرائيلية لوضعية العلم والتكنولوجيا باعتبارهما تطبيقا عمليا لمقولة برنال. ولا تمثل الدولة الصهيونية نشازا في هذا السياق فواقع العلم المتقدم يؤكد ذلك، إذ يشهد العالم المتقدم نزوعاً مطرداً إلى إعلاء شأن الدور الذي تلعبه قطاعات الإنتاج "**كثيفة المعرفة**" المعتمدة على المهارات العلمية والتقنية وعلى بنية علمية/ إنتاجية راقية التنظيم، وهو ما دفع باتجاه الاستفادة من نتائج الثورة المعلوماتية وفروع العلوم "**الجديدة**".

فقد أصبحت التكنولوجيا المتقدمة الرافعة الرئيسة للتقدم الاقتصادي بينما تراجعت أهمية أنماط الإنتاج **"كثيفة العمالة"**.

الفصل الثاني من الكتاب يأتي تحت عنوان: **"وضعية العلوم والتكنولوجيا في إسرائيل: محددات أساسية"**، وفيه يتعرض الكاتب للصراع الذي احتدم عند التفكير في إنشاء الجامعة العبرية بين وجهتي نظر متباينتين، الأولى يمكن وصفها بـ **"الشعبوية"** مثلها زئيف جابوتنسكي زعيم الحركة التصحيحية، ونادى بأن تكون جامعة مفتوحة كبيرة الأعداد تعوض الطلاب اليهود عما يسميه: **"ما لحقهم نتيجة التمييز ضدهم"**.

ووجهة النظر الأخرى مثلها حاييم وايزمان الذي تبنى النموذج الألماني الصارم، مؤكداً الطابع النخبوي للجامعة وضرورة التركيز على البحث العلمي الأكاديمي والدراسات العليا والاهتمام بالكيف. وكان الانتصار آراء وايزمان دور حاسم في صياغة توجهات النظام الأكاديمي الإسرائيلي حتى الآن.

وعندما تولى منصبه كأول رئيس لإسرائيل أولى قضية العلم والتكنولوجيا اهتماماً رفيعاً، وقدر دورهما في بناء إسرائيل، ويؤكد ذلك تصريحات عديدة منها قوله: **"إن العلم هو سلاحنا . . . مصدر قوتنا ودرعنا".**

وواصل ديفيد بن جوريون طوال بقائه في منصبه كأول رئيس لوزراء إسرائيل هذه التقاليد

التي أصبحت راسخة في الدولة الوليدة، وهو ما يعبر عنه قوله:

"إن التطور العلمي شرط مهم لتعزيز أمننا، لقد أصبح العلم اليوم مفتاح التطور الاقتصادي والقوة العسكرية. إن أمننا واستقلالنا يتطلبان أن يقوم أكبر عدد من الشباب بتكريس أنفسهم للعلوم والبحوث. . . إن العلم مفتاح القوة العسكرية وشبابنا الموهوبون الذين يدرسون القانون بدلا من العلم إنما يضيعون رأس مال بشري يشكل عند الشعب قيمة لا تقدر".

وحتى بعد رحيل بن جوريون بسنوات ظلت "وصاياه" بشأن الدور المنوط بالعلم والتكنولوجيا يحظى بالتقدير.

بناء الاقتصاد الإسرائيلي:

في الفصل الثالث وعنوانه: "العلم والتكنولوجيا: من خدمة الأمن والعسكرة إلى "رافعة للنهوض بالاقتصاد الإسرائيلي"، يتناول الكاتب أحمد بهاء الدين شعبان مسار دور العلم في بناء اقتصاد الدولة العبرية

69

والنهوض به، فمن البداية رفع بن جوريون شعار:

"يجب أن يكون لنا أحسن جيش في العالم وإلا خسرنا".

ولتحقيق هذا الهدف سارت القيادة الصهيونية في مسارين:

<u>الأول:</u> جمع أحدث الأسلحة والمنجزات التكنولوجية بكل السبل استعدادا لساعة النزال.

<u>الثاني:</u> مسار التصنيع المحلي للسلاح ونظم القتال والذخيرة.

وفي إطار المسار الثاني، أنشيء أول مصنع للسلاح قبل نشأة إسرائيل (1933)، وبالنظر للأهمية المحورية لمسألة الأمن

أصبحت الصناعات العسكرية "الرافعة" التي نهضت بالاقتصاد الإسرائيلي.

وكان عام 1967 بداية "عسكرة" الاقتصاد الإسرائيلي، فتحول من الزراعة – اعتماداً على صادرات الحمضيات – وأصبح على درجة عالية من التصنيع المرتبط بالتقنية العالية. واحتلت الصادرات العسكرية مكانة مهمة في بنية الاقتصاد الإسرائيلي.

فبينما كانت في عام 1989 تمثل في بريطانيا 2،5 % وفي فرنسا4 – 5 % وفي الولايات المتحدة 4،5 % كانت الصادرات العسكرية في الدولة العبرية تمثل 16 %. .

الجيش حاضنة الطفرة التكنولوجية

حسب البروفيسور حادي أريفا (جامعة
تل أبيب)، فإنك إذا أردت أن تفهم صناعات
التقنية العالية في إسرائيل، فعليك أن تبدأ بفهم
الجيش، فهناك يأخذون شباناً وشابات في الثامنة
عشرة من العمر ويخضعونهم لتدريب مكثف
على علوم الكومبيوتر، ثم يعطونهم مسئوليات

كبيرة في وظائفهم العسكرية، وهو ما يفرض عليهم الخلق والإبداع.

وقد أنشئ عام 1948 في الجيش الإسرائيلي فرع يسمى: "**سلاح العلوم**" الذي تحول فيما بعد إلى: "**قسم البحوث والتخطيط التابع لوزارة الدفاع**"، وصار يطلق عليه الآن: "**هيئة تطوير الوسائل القتالية**" المعروفة اختصارا باسم "رفائيل".

ومنذ نشأتها تحددت مهمتها في: "**تطوير وسائل قتالية جديدة عن طريق التكنولوجيا المتقدمة جداً**". وهي تعرف نفسها على الإنترنت بأنها: "**رائدة عالمية في مجال تطوير وإنتاج نظم التسليح والسيطرة المتقدمة للقوات البحرية والجوية والبرية**"، وكان يعمل بها عام

74

1983 حوالي 6 آلاف معظمهم من الفنيين رفيعي المستوى. ولعبت **"رفائيل"** دوراً هاماً في تطوير الصواريخ أرض/ أرض والصاروخ أرض/ جو طراز **"شافيت"**، وكذلك تطوير نظم التوجيه والحرب الإليكترونية والحواسيب العسكرية والقنابل الذكية وغيرها.

ويعمل في إطار هذه الهيئة عدة شركات أهمها:

* <u>تاديران</u>: المتعهد الوحيد في إسرائيل لنظم اتصالات الأقمار الصناعية وتمد نظام الأقمار الصناعية الإسرائيلي "أفق" بأجهزة الاتصالات الفضائية.

* **إليسرا:** وتعمل في مجال منتجات التكنولوجيا العالية والاتصالات الخلوية، ونقل الصور فضائياً.

* **روتيم:** وتعمل في إمداد صواريخ الأقمار الصناعية ومحركات الصواريخ الحربية بالوقود.

* **مركز سوريك للأبحاث النووية:** ويضم معملا لأبحاث الدفع الفيزيائي وقاعدة متقدمة للأبحاث والتطوير في مجال التطبيقات الفضائية.

وحسب الإحصاءات الرسمية يتم توجيه ثلاثة أرباع الإنفاق المخصص للبحث العلمي في إسرائيل إلى الأبحاث العسكرية والمرتبطة بالأمن القومي، وهي الأعلى عالمياً، ففي ألمانيا

تبلغ 5 % وفي فرنسا 20 % وفي بريطانيا 30 %.

ونتيجة هذه البنية، أصبحت إسرائيل – في مطلع التسعينات – تصدر السلاح إلى 62 دولة وأصبحت الصناعات العسكرية **"القطاع القائد"** في الاقتصاد الإسرائيلي، فاحتلت المرتبة الخامسة عالمياً بين مصدري السلاح في العالم.

وحسب دراسة قامت بها لجنة برئاسة اللواء احتياط موشه بيلد مساعد وزير الدفاع للصناعات العسكرية، فإن الدولة العبرية تتمتع بتفوق نسبي ظاهر في البنية التحتية العلمية مقارنة بكل من: أمريكا وفرنسا وبريطانيا،

ويرجع ذلك – حسب التقرير – إلى أن الجيش الصهيوني طمس الفارق بين الجيش والصناعة.

غير أن الأزمة الاقتصادية التي عانت منها الصناعات العسكرية من جهة والصعوبات العديدة التي واجهتها بعض أفرع الصناعات الإسرائيلية التكنولوجية المتقدمة في وجه نظيراتها الغربية، أدى إلى ارتباكات ملحوظة في مواقع بحثية وإنتاجية متعددة، وهو ما عبرت عنه الدكتورة أربناري (كبيرة العلماء في وزارة الصناعة والتجارة الإسرائيلية).

وقد أكدت ضرورة أن تزيد الميزانية الحكومية للأبحاث والتطوير وإلا "**سيكون هناك في استمرار نشاط بعض الشركات الرائدة في التكنولوجيا**".

تأثير هجرة العلماء:

الفصل الرابع من كتاب "الدور الوظيفي للعلم والتكنولوجيا في تكوين وتطوير الدولة الصهيونية" يأتي تحت عنوان: "أثر هجرة العلماء على تطوير القدرات العلمية والتكنولوجية لإسرائيل".

وفيه يقرر الباحث أحمد بهاء الدين شعبان أن الدول الغربية وفي مقدمتها الولايات المتحدة مثلت للدولة العبرية معينا لا ينضب، استقدمت

منه كل أشكال الدعم العلمي والتكنولوجي وبخاصة الكوادر العلمية والتكنولوجية الرفيعة.

وتشير دراسة أكاديمية إلى أن نسبة العلماء بين المهاجرين لإسرائيل مثلت عام 1968 حوالي 33 %. وأشارت دراسة أخرى إلى أن 86 % من العاملين في الحقل الطبي آنذاك كانوا من المهاجرين، ومثلت الكفاءات الأوروبية 65 % من أساتذة الجامعة العبرية.

وفي عام 1963 كان هناك 547 أستاذا في الجامعة العبرية 34 % منهم فقط ولدوا في الدولة العبرية.

وفي أوائل التسعينات هيأ انهيار الاتحاد السوفيتي (السابق) فرصة تاريخية للدولة العبرية، فحتى عام 2000 بلغ عدد المهاجرين

السوفييت إليها حوالي مليون مهاجر، وتميزت هذه الهجرة بأنها **"هجرة نوعية"** تمتع مهاجروها بتعليم رفيع، وكثير منهم كان يعمل في قطاعات تكنولوجية شديدة التقدم والحساسية، وقد وصف أحد الأكاديميين الإسرائيليين نتائجها قائلا إنها: **"يمكن أن تحول إسرائيل إلى ما يشبه اليابان من الناحية التكنولوجية".**

وحسب مسئول سابق كبير باستخبارات الاتحاد السوفيتي السابق .K. G. B، فإن هناك وسطاء يعملون لإغراء أبرز العلماء السوفييت في مجالات الطاقة النووية للهرب والارتباط بجهات غربية، وأن أكثر الوسطاء نشاطاً يعملون لصالح إسرائيل.

وساهمت هذه الهجرة في تطوير الإنتاج العسكري في الاتجاهات التالية:

1 ــ تطوير البرنامج النووي الإسرائيلي.

2 ــ تطوير برنامج الفضاء الإسرائيلي.

3 ــ تطوير أساليب الدفاع الاستراتيجي للصواريخ البالستية.

وحب تقرير لليونسكو فإن من هاجروا من أعضاء "أكاديمية العلوم السوفيتية" توزعوا حسب تخصصاتهم على النحو التالي:

13،2 % ممن عملوا في مجال الفيزياء النووية والفلك.

11،6 % ممن عملوا في مجال الكيمياء الحيوية والفيزياء الحيوية وكيمياء المركبات النشيطة فسيولوجياً.

وكان بينهم 16،2 % من حملة الدكتوراه وتوزعوا بين عدة دول على رأسها إسرائيل التي استقبلت 42،1 % ثم الولايات المتحدة الأمريكية التي استقبلت 38،6 %.

الدعم العلمي الخارجي:

حظي المشروع الصهيوني بدعم هائل سياسي واقتصادي من القوى الغربية تدفق الدعم العلمي والتكنولوجي على إسرائيل، وهي بعد في طور التأسيس، وأخذ هذا الدعم أشكالاً متعددة كدعم إنشاء وتأسيس الجامعات

والمؤسسات العلمية والتكنولوجية الإسرائيلية بالمال والخبرات، ورعايتها أكاديمياً، والتبادل العلمي بين المؤسسات الصهيونية ومثيلتها في الغرب، وإمداد المؤسسات العلمية الصهيونية بالمشروعات الاستراتيجية، كما حدث في البرنامج النووي الإسرائيلي الذي أنشئ بمساعدات فرنسية وألمانية ونرويجية وبريطانية وأمريكية.

وحتى نهاية القرن المنصرم كانت وزارة العلوم الإسرائيلية قد وقعت اتفاقات تعاون علمي مع 26 دولة تتضمن برامج أبحاث مشتركة وتبادل باحثين ومؤتمرات، وقد اختار الباحث علاقات الدولة الصهيونية بكل من: أوروبا وأمريكا والصين كنماذج للتحليل.

وعلى صعيد العلاقة بين الكيان الصهيوني والولايات المتحدة يقول الباحث إنها وصلت إلى قمتها عام 1977 عندما توجت بإنشاء مؤسسة مشتركة للبحث والتطوير برأسمال قدره 110 ملايين دولار، وحتى عام 1988 مولت هذه المؤسسة 182 مشروعاً علميا مشتركا. أما **"الوكالة الأمريكية /الإسرائيلية للعلم والتكنولوجيا"** التي أنشئت في عهد الرئيس كلينتون (1993)، وتعمل تحت إشراف وزارة التجارة الأمريكية فساعدت ماليا في تغطية تكلفة حوالي خمسمائة مشروع بحثي حددتها مؤسسات إسرائيلية.

وحسب موقعها على الانترنت فإنها تهدف إلى **"تعزيز التعاون العلمي والتكنولوجي**

والتجاري بين البلدين"، وبدأت عملها بميزانية تبلغ 30 مليون دولار لمدة ثلاثة أعوام.

ومن ناحية أخرى كان للدعم الأوروبي دور حاسم، فخلال الاثنتي عشر عاماً الماضية تمتعت الدولة الصهيونية بكل حقوق الأعضاء في الاتحاد الأوروبي – عدا حق التصويت – في إطار برنامج "البحث العلمي للاتحاد الأوروبي"، ومن خلال هذه العضوية تم تمويل 369 برنامجاً بحثياً إسرائيلياً، ويرى الخبراء أن أهمية المشروع تتجاوز التمويل، وتتمثل أساساً في "النوعية المتقدمة للغاية البرنامج الذي يعد جوهرة البحث العلمي الأوروبي".

يضاف إلى ذلك أن المعاهدة تتيح لإسرائيل الحصول على النتائج التي تتوصل

إليها الأبحاث العلمية في كل الدول الأعضاء عدا الأبحاث النووية.

ومن ناحية أخرى – وفي خطوة غير مسبوقة – وافقت الحكومة البريطانية على إنشاء صندوق مشترك مع إسرائيل لدعم المشروعات البحثية المشتركة في مجال "**التكنولوجيا المتطورة**"، وأعلن وزير التجارة والصناعة البريطاني أن "**إسرائيل تتمتع بأعلى كثافة في الخبرة العلمية والتكنولوجية في العالم**". وحتى نهاية عام 2000 أنجز في إطار العلاقات الإسرائيلية البريطانية أربع اتفاقات تعاون علمي وتكنولوجي وأنشئ صندوقان مشتركان لتمويل البحوث قاما بدعم 15 مشروعاً بحثياً.

وغني عن البيان أن جانباً مهماً من الأبحاث المشتركة بين الأوساط العلمية الإسرائيلية ونظيراتها الغربية يصب في تطوير آلة الحرب الإسرائيلية وتحسين أدائها، ومن أهم الأمثلة على ذلك خطة التطوير المشترك في مجال العلوم والتكنولوجيا العسكرية الموقعة بين ألمانيا وفرنسا وإسرائيل عام 1997.

وبموجبها يتعاون الأطراف الثلاثة في حل بعض مشكلات التصنيع العسكري وتطوير أجهزة ومعدات قتالية فعالة، مثلما حدث بالنسبة للتعاون في أبحاث ديناميكا الموائع التي تستخدم الحواسيب المتقدمة، وهو ما ساعد على تطير قدرات الطائرات المروحية في قوة الإقلاع

بنسبة 50 % وفي سرعة الطيران بنسبة 35 %
وفي كفاءة دوران ريش المراوح بنسبة 30 %.

دعائم البنية العلمية:

الفصل السادس من كتاب "الدور الوظيفي للعلم والتكنولوجيا في تكوين وتطوير الدولة الصهيونية" للباحث أحمد بهاء الدين شعبان عنوانه: "المؤسسات العلمية والمراكز الأكاديمية الإسرائيلية".

ويبدأ بموجز لتاريخ مؤسساتالعلم والبحث العلمي في الدولة الصهيونية، إذ يعود الاهتمام بها إلى ما قبل تأسيس الدولة. ومن أقدم الدعوات للاهتمام بالعلم ما طرحه الدكتور ياءول نيثان في مطلع القرن الماضي مقترحاً إنشاء **"مؤسسة تعليمية تقنية"** في **"أرض إسرائيل"**، ومهد بذلك للقرار الذي أصدره المؤتمر الصهيوني الخامس (1901) بتكليف الدكتور حاييم وايزمان بإنشاء الجامعة العبرية ومعهد التخنيون.

وبعد تأسيس هذه المنشآت وغيرها، اعتمد وايزمان على عدد من ذوي الكفاءات العلمية الرفيعة معظمهم من الكوادر العلمية لبارزة في جامعات أوروبا، ومن المهم هنا –

كما يشير المؤلف – أن ننتبه إلى أن العنصر الحاكم في تولية رئاسة هذه المؤسسات والمواقع القيادية كان معياره القدرة العلمية والكفاءة الإدارية، دون النظر لاعتبارات الولاء الشخصي، وهو ما سمح على سبيل المثال لعالم يميني متطرف هو البروفيسور يوفال نئمان أن يتبوأ أعلى المناصب في ظل حكم حزب العمل "اليساري".

وحسب دراسة منشورة عن العلوم والتكنولوجيا في إسرائيل، فإن الخريجين في تخصصات العلوم الأساسية التطبيقية يعدون المصدر الأول لكوادر العلماء في إسرائيل، وفي عام 1973 كان لدى الدولة الصهيونية 2400 عالم، ارتفع عددهم بعد عشرة أعوام إلى

4600، مقابل ارتفاع عدد العلماء العرب في الفترة نفسها من 850 إلى 2600.

وفي عام 1990 كان لدى إسرائيل نحو 25 ألف عالم وكانت نسبتهم للسكان تبلغ 125 مهندساً لكل عشرة آلاف، مقابل 85 لكل عشرة آلاف في الولايات المتحدة الأمريكية.

صناعة البحث والتطوير:

الفصل السابع من الكتاب يحمل عنوان: **"أوضاع صناعة البحث والتطوير في إسرائيل"**، يبدأ الباحث باستعراض بنية هذه الصناعة التي تقوم على تخطيط سياساتها عدد من اللجان والمؤسسات والهيئات المتكاملة من أهمها:

* اللجنة الوزارية للعلوم والتكنولوجيا التي تشكلت بقرار من الحكومة الإسرائيلية عام 1980.

* المجلس الوطني للمعلومات العلمية والتكنولوجية.

* هيئة الطاقة النووية ويرأسها رئيس الحكومة وملحقة بمكتبه مباشرة.

* أجهزة البحث العلمي الحكومية في الوزارات وعلى رأس كل منها عالم.

* مركز استيعاب العلماء ويختص بعملية استيعاب العلماء والتقنيين المهاجرين للدولة الصهيونية وتوصيف قدراتهم وتأهيلهم للاندماج والتخطيط للاستفادة القصوى من كفاءتهم.

وقد أنشأت الجامعات والمعاهد الإسرائيلية شركات وصلت مع نهاية القرن العشرين إلى 1800 شركة، تعمل في مجال استغلال اكتشافاتها العلمية تجارياً، وأيضاً تطوير نقل التكنولوجيا إلى الصناعة. وحتى عام 1998 كان عدد شركات الصناعات الدقيقة المتطورة في إسرائيل يبلغ حوالي 2000 شركة، لتحل بهذا الرقم الموقع الثاني عالمياً، بعد الولايات المتحدة الأمريكية في عدد شركات التكنولوجيا الرفيعة.

وبطبيعة الحال كان هناك إدراك لكون الثروة البشرية هي عماد "**اقتصاد ما بعد الصناعة**"، ومن ثم كانت الإنجازات في هذا

المجال متوازية مع أعداد المؤسسات البحثية والشركات والوحدات الإنتاجية.

وحسب تقرير اليونسكو **"العلم في العالم"** (1992)، فإن مجموع مهندسي البحث والتطوير – بشقيه الأساسي والتطبيقي – في إسرائيل بلغ 20100، ما يعني أن نسبتهم للسكان بلغت 38 لكل عشرة آلاف، ويكفي لكي ندرك التقدم الذي بلغته إسرائيل يكفي أن نقارن هذه النسبة بعدد من الأقطار الأكثر تقدماً في العالم، فهذه النسبة فيها على النحو التالي:

* في اليابان 41 لكل عشرة آلاف. (المركز الأول عالمياً).

* في الولايات المتحدة الأمريكية 37 لكل عشرة آلاف. (المركز الثالث عالمياً)

* في دول أوروبا خارج الجماعة الأوروبية 27 لكل عشرة آلاف من السكان.

* في كندا واستراليا ونيوزيلندا 22 لكل عشرة آلاف من السكان.

* في أوروبا الشرقية والوسطى 22 لكل عشرة آلاف من السكان.

* في الجماعة الأوروبية 20 لكل عشرة آلاف من السكان.

ميزانيات البحث العلمي:

لكي تنأي إسرائيل بالبحث العلمي عن تقلبات السياسة وصراعاتها، منحت العلماء دوراً كبيراً في وضع السياسات العلمية وتنفيذها، كما أنفقت عليه نسبة كبيرة من الدخل القومي.

فمن الناحية التنظيمية أنشأت الحكومة منصب **"كبير العلماء"** في وزارة الصناعة والتجارة ومهمته مساندة الجهات البحثية العاملة في مجال البحث والتطوير، وقد مول في عام واحد (1996) 1200 مشروعاً بحثياً تقدمت بها 800 شركة إسرائيلية.

وكان المردود أن تصبح المنتجات المعتمدة على التكنولوجيا الراقية نصف صادرات الكيان الصهيوني.

ومن ناحية التمويل بلغت الميزانية الحكومية للبحث والتطوير في بداية التسعينات 260 مليون دولار إضافة إلى 70 مليون دولار من التمويل الخارجي، وبذلك تكون نسبة الإنفاق على البحث والتطوير 2،2 % من الناتج المحلي

الإجمالي، مقابل إنفاق عربي على البحث العلمي لا يزيد عن 0،2 % يساوي "سُبع" المتوسط العالمي و"عُشر" الإنفاق الإسرائيلي.

وتحت عنوان **"أبحاث التسليح وتكنولوجيا الفضاء"**، يرصد الباحث المردود العسكري والاقتصادي للبحوث، فنتيجة تخصيص ميزانية سنوية لأبحاثه بلغت 690 مليون دولار (1998) تمكنت إسرائيل من تصدير الكثير من المنتجات العسكرية، كالنظم الإليكترونية، والكومبيوترات المتقدمة، والطائرات بدون طيار و . . . وأخيراً **"البندقية الرقمية"** المرشحة لقتال المدن.

الفصل التاسع من الكتاب عنوانه: **"نماذج للإنجازات العلمية الإسرائيلية في بعض**

مجالات **العلوم والتقنيات العالية**"، ويبدأ باستعراض التطور في مجال الحاسب الآلي وتكنولوجيا الاتصالات، حيث أدركت إسرائيل مبكرا الأهمية القصوى التي ستمثلها الحاسبات الآلية في مسار التطور العلمي والتكنولوجي الحديث، فكانت هذه التخصصات تدرس في الجامعات، وفي مقدمتها عهد وايزمان الذي صنع باحثوه أول كمبيوتر إسرائيلي عام 1954.

وفي بداية عقد السبعينات من القرن العشرين كانت إسرائيل قد دربت 700 متخصص على استخدام الحواسيب، وفي بداية العقد التالي أنشأت مركزاً لتصميم وبناء الحواسب يرتبط بكلية التكنولوجيا الكائنة ببئر سبع، كما نشطت منذ وقت مبكر في امتلاك

السوبر كمبيوتر من طراز "**كراي 2**" فائق القوة والسرعة.

وقد أشار سيمور هيرش في كتابه: "**الخيار شمشون**" إلى أن الإدارة الأمريكية اعتمدت منذ عام 1972 مخصصات لإمداد إسرائيل بجهازي كمبيوتر عملاقين ضمن قدراتهما "**المحاكاة النووية**" التي تتيح إجراء التفجيرات النووية افتراضيا. وقد حصلت عليهما في عهد الرئيس بيل كلينتون (1995) وأحدهما طراز "**أي بي إم**" مكون من 64 وحدة ويستطيع القيام بـ 17 مليار عملية في الثانية الواحدة والثاني "**كراي**" ويستطيع القيام بـ 2،3 مليار عملية في الثانية.

وحسب مجلة **نيوزويك** الأمريكية، فإن الدولة الصهيونية هي الجهة الوحيدة في العالم المؤهلة لمنافسة وادي السيليكون الأمريكي، وهي الآن تصنف في المركز الثاني عالمياً – بعد الولايات المتحدة الأمريكية – من حيث عدد الشركات الجديدة ذات الصلة بالكومبيوتر التي أنشئت في التسعينات.

وتفسر **"نشرة معهد التصدير الإسرائيلي"** هذا النمو في صناعة البرمجيات في إسرائيل بوجود سياسة حكومية خاصة لتطويرها، وتضرب النشرة أمثلة لذلك فتذكر أن **"مؤسسة التطوير والأبحاث الأمريكية/ الإسرائيلية المشتركة"** التي أنشئت عام 1977 بميزانية قدرها 110 مليون دولار، بلغت

مبيعاتها حتى منتصف التسعينات ملياري دولار.

تدفق الاستثمارات الأجنبية:

أدت هذه البنية المتطورة إلى تدفق الاستثمارات الغربية في مجالات الصناعات "كثيفة المعرفة".

وأهم هذه الاستثمارات:

* صندوق "بذور إسرائيل" لتمويل شركات المعلومات والاتصالات في بريطانيا

بمساهمة مؤسسة "ويلكام ترست" البريطانية ومجموعة من شركات المعلوماتية المعروفة ومنها: "آي بي إم" و"أميركا أون لاين" و"ياهو" و"نيتسكيب"، ويتوقع أن تحقق هذه الاستثمارات أرباحا تصل إلى 1000 %.

* أسست إيزابيل ماكسويل ابنة قطب الإعلام الصهيوني الراحل جورج ماكسويل صندوقا ماليا للغرض نفسه.

* ضخ المستثمر الأمريكي المعروف جورج سوروس 40 مليون دولار بصفة مبدئية في هذا المجال.

* أسس شيمي بيريز (ابن رئيس الوزراء الأسبق) "صندوق بولاريس" لمخاطر الاستثمار في هذا المجال بنصف مليار دولار.

وحسب الأرقام الرسمية يعمل في هذا المجال 5 % من قوة العمل الإسرائيلية، بواقع 40 ألفاً، ويعكس متوسط الدخل السنوي فيه المكانة المرموقة لهذا القطاع. وقد ارتفع هذا المتوسط من 46 ألف دولار سنوياً (1984) إلى 150 ألفاً بمتوسط راتب شهري 12 ألف دولار.

وحقق المجال كله طفرات كبيرة متلاحقة انعكست، أولاً، في صادرات منتجاته التي بدأت عام 1984 بداية متواضعة بلغت 5 ملايين دولار، وقفزت عام 1993 إلى 180 مليون دولار، ثم وصلت عام 1994 إلى 800 مليون دولار، وعادت لترتفع في العام التالي إلى خمسة مليارات من الدولارات. ومع مطلع

القرن الحادي والعشرين وصلت إلى 10 مليار دولار.

واجتذب هذا التطور التقني الكبير استثمارات صناعية غربية كبيرة أهمها:

* شركة انتل التي تستثمر 1،6 مليار دولار في مصنع لأشباه الموصلات هو أكبر استثمار أجنبي منفرد في الكيان الصهيوني.

* أي بي إم أنشأت فرعا لها يوظف أكثر من 1700 عامل وفني، وبسبب "أعمالها الجليلة" في خدمة إسرائيل حصلت عام 2001 على جائزة "جماعة الشراكة الأمريكية الإسرائيلية من أجل الديموقراطية".

* مايكروسوفت أنشأت فرعا لها عام 1989 هو أكبر موقع للبحث والتطوير خارج

أمريكا، كما أنها الشريك الرئيس في شبكة الأقمار الصناعية الإسرائيلية، وقد حازت الجائزة التي سبقت الإشارة إليها.

* هيوليت باكارد أنشأت في الثمانينات فرعا واشترت شركتي حاسبات إسرائيليتين إحداهما توظف 650 شخصا وتملك مصنعين كبيرين لأحبار طابعات الكومبيوتر وتعد لإنشاء مصنع ثالث.

هذا إلى جانب شركات: ديجيتال وناشيونال سيمي كوندكتورز وإليكترونيك وداتا سيستمز كوربوريشن وبرودكوم ونوكيا، وكذلك شركتا موتورولا وديلكو التابعتان لجنرال موتورز.

المؤلف

ممدوح الشيخ

مفكر

نشر له مئات المقالات والدراسات في عشرات الدوريات العربية.

صدر له أكثر من عشرين مؤلفاً في القاهرة وبيروت ومسقط.

نال جوائز مصرية وعربية في الشعر والمسرح والرواية.